每天一則故事，從此改變你的人生！

與 成 功 有 約

高效能人士的
7個習慣〔故事版〕

THE SEVEN HABITS OF TEACHING IN 31 STORIES

著｜中山和義

監修｜富蘭克林柯維公司日本分公司

翻譯｜王蘊潔

前言

如何才能得到真正的幸福？

十八年前，我從在全球暢銷三千萬冊，在日本也創下超過兩百萬冊銷量的暢銷作品《與成功有約：高效能人士的七個習慣》（史蒂芬‧R‧柯維著）中，找到了答案。

當時，我創業不久，看了很多商業書籍。

有很多書傳授了宣傳方法和籌措資金的技巧，只有《與成功有約：高效能人士的七個習慣》這本書教導了生活方式。

我在看書時，會將寫了重要內容的那一頁折起，以使日後複習。當我看完《與成功有約：高效能人士的七個習慣》這本書時，發現幾乎每一頁都折了起來，連我自己都感到驚訝不已。

之後，每當我在工作和生活中陷入煩惱時，都會把這本書拿出來一讀再讀。

《與成功有約：高效能人士的七個習慣》除了傳授經商之道，也教導了經營家庭和日常生活的幸福之道。拜這本書所賜，我不僅事業順利，也擁有了幸福的家庭和充實的生活。

必須反覆閱讀《與成功有約：高效能人士的七個習慣》，才能真正理解和充分掌握書中的內容。

但是，我在向員工推薦這本書時，也經常發現，很多人覺得反覆閱讀這麼厚一本書很辛苦。

為了讓更多人能夠反覆溫習《與成功有約：高效能人士的七個習慣》中的精華，充分加以掌握，所以我寫了這本《與成功有約：高效能人士的七個習慣（故事版）》。

　　在反覆閱讀每一句金玉良言和小故事的過程中，可以掌握《與成功有約：高效能人士的七個習慣》的重點。每一則故事所附的照片，從毛毛蟲變成的蝴蝶、小孩子的笑容、農作物的豐收……這些照片都有助於進一步掌握每一句金玉良言。

　　只要反覆閱讀本書，有助於自己逐漸成長，並從中得到啟示，大幅改變人生。

　　同時，也可以成為周遭其他人的人生獲得幸福的契機。如果能夠將本書作為禮物，送給公司同事和家人等對自己很重要的人，將是我最大的榮幸。

中山和義

讓本書發揮最大效果的
閱讀方法‧使用方法

本書透過三十一段話和三十一則故事，讓大家輕鬆學習《與成功有約：高效能人士的七個習慣》的精華。

首先，閱讀一段話和一則故事，再重新閱讀柯維博士在《與成功有約：高效能人士的七個習慣》中的觀點，加深對《與成功有約：高效能人士的七個習慣》的理解。

想要培養一個習慣，持之以恆，每天反覆練習很重要。

為了充分掌握《與成功有約：高效能人士的七個習慣》，可以在看完該書之後，利用一個月的時間，每天看本書中摘錄的一段金玉良言和一則小故事加以複習。第一天就是DAY 1，第二天就是DAY 2，第三天就是DAY 3……，就好像在翻日曆一樣，每天看一段金玉良言和一則小故事，逐漸掌握《與成功有約：高效能人士的七個習慣》的精華。

如果能夠每個月用這種方式反覆閱讀，絕對有助於充分掌握《與成功有約：高效能人士的七個習慣》的內容。

CONTENTS

目 次

Day 11

傳達心意不需要華麗的詞藻，
只要為對方著想，對方一定能夠從你的態度中感受到。
想要傳達的不是話語，而是心意。
[努力思考的答案]

DAY 12

用人不疑，疑人不用。
有事拜託他人，就要發自內心相信對方，對方就會全力以赴。
信賴是改變他人的巨大力量。
[不能再次失敗的原因]

Day 13

如果為眼前發生的事陷入煩惱，問題的原因就在自己身上。
千萬不要認為問題的原因在別人身上。
[致足不出戶的兒子]

DAY 14

任何人都會犯錯，但很少有人能夠承認自己的錯誤。
正因為無法承認錯誤，所以才會成為大問題。
[新商機的失敗]

DAY 15

當認為資源很不充足，就會相互爭奪。
所有資源都很豐沛。
只要這麼想，就會讓彼此感到富足。
[柬埔寨的孩子]

DAY 16

一旦努力的方向不正確，無論再怎麼努力，也無法得到成果。
為了避免努力徒勞無功，必須隨時確認努力的方向正確。
[錯誤的努力]

Day 1

想要像毛毛蟲變成蝴蝶

一樣華麗蛻變，

就必須捨棄以前的自己。

不妨當作自己脫胎換骨，

獲得了重生，

重新檢視自己的價值觀。

《七個習慣》的金玉良言

「想要追求巨大的變化、戲劇性的變化，
就必須改變成為行為基礎的思維典範。」

（摘自「重新探索自我──由內而外造就自己」）

擺脫母親

有 一個女生是家中的獨生女，所以母親對她疼愛有加，但她的行動也經常受到限制。

即使有自己想做的事，只要母親稍有不安，就會強烈制止她。

在她成年之後，這種狀況仍然沒有改變。她在讀大學期間，看了電影之後，對國外的文化產生了興趣，於是和母親商量。

「我想利用暑假期間，去英國的家庭寄宿一週，體驗那裡的生活。」

母親斷然拒絕說：

「妳太異想天開了，妳不可能做到，太危險了，千萬別去。」

當她從大學畢業找工作時，很想去東京的公司工作，但母親希望她留在老家，在老家附近的公司上班，她也無法拒絕母親的要求。

雖然每次遭到母親的反對，她內心都感到不滿，最後還是聽從母親的話。

「既然媽媽會擔心，那我就忍耐一下。」

她每次都用這種想法說服自己。

但是，有一件事讓她陷入煩惱。

她在朋友的介紹下，結交了男朋友。交往多年的男朋友向她求婚：

「公司派我去德國，我希望和妳結婚，我們一起去德國。」

　　她把這件事告訴了母親，果然不出所料，遭到了母親的反對。

　　母親對她說：

「妳和這種人結婚也不會幸福，不要嫁給他。」

　　她原本打算再度聽母親的意見，但不知道為什麼，忍不住淚流不止。

　　然後，她坦誠告訴男友，雖然很想和他結婚，但不希望讓母親難過。

　　之後，她在男友的支持下，終於鼓起勇氣，第一次把內心的想法告訴了母親。

013

「媽媽，我很感謝妳的養育之恩，
　　但是很對不起，我想和他一起過自己的
　　人生。」

　　像這個女生一樣，需要某些契機認識到束縛自己的價值觀，才能夠有所改變。

　　每個人的長相和體格不同，同樣的，各人認為什麼事最重要的價值觀也不一樣。每個人都會根據自己的價值觀走過漫長的人生路。

　　認識到某些束縛自己的價值觀，並且擺脫這種價值觀的束縛，就能夠得到促進自己成長的新價值觀。

如果想要建立良好的人際關係，

首先必須提升自己的人品。

因為對方會觀察你是怎樣的人。

Day 2

《七個習慣》的金玉良言

「人際關係的建立，
最重要的不是你說了什麼，或是你做了什麼，
關鍵在於你是怎樣的人。」

（摘自「獨立是互賴的基礎」）

決定錄用的關鍵

他 在求職期間，好幾次面試都失利，
最後失去了自信，從人行陸橋上一
躍而下。

幸好最後撿回一命，他的母親接到通知趕來，得知他試圖自殺後深
受打擊，淚流不止。

母親流著淚，一次又一次告訴他：

「不要因為這點挫折就尋死，
我知道你有多優秀……」

他從母親的話中發現，在求職期間，為了讓自己看起來比實際
更好，說了不少謊。他決定以後要對自己更有自信，誠實做人。

幾個月後，他終於出院，坐在輪椅上繼續四處求職。

在某家公司的最後面試時，面試官問他為什麼會受傷。

「因為我想自殺，就從人行陸橋上跳了下去，結果就受了傷。

但是，在母親的協助下，我重新站了起來。」

面試官聽到他誠實的回答，有點不知所措。

他又補充說：

「如果我試圖自殺這件事會影響公司錄用我，這也是無可奈何
的事，但我不願意說謊。」

面試官勸他說：

　「你太老實了，你這麼老實，恐怕很難勝任這家公司的工作。在工作上，有時候可能需要為了公司說謊。當你遇到這種狀況時，能夠為公司說謊嗎？」

　他聽了面試官的問題後回答說：

「很抱歉，我做不到，因為這會背叛我做人的原則。
雖然我原本很希望能夠在貴公司發揮實力，
但真是太遺憾了。」

　說完，他向面試官鞠了一躬，把輪椅調了頭，準備離開。

　這時，面試官站了起來，走到他面前說：

「我在面試時，聽到很多人說，
只要能夠進入這家公司，願意做任何事，
第一次遇到主動拒絕進入本公司的人。
本公司需要你這樣的人，
當然，你只要做坦誠面對自己的工作就好。」

　他之所以會被公司錄用，是因為他的人品打動了面試官。公司願意錄用的人，也正是在人際關係中，別人想要結交的朋友。

　你想和怎樣的人交朋友？

　任何人應該都不願意和那種為了成功，不惜睜眼說瞎話的人成為好朋友。

DAY 3

$^{3}/_{31}$ 天

不要輸給內心的迷惘。

在造成無可挽回的結果之前，

再度認真思考，

什麼事對自己最重要。

因朋友而回想起的事

- -

他 在出版社任職，對工作失去了熱情。他對工作的態度只是「做一天和尚撞一天鐘」，幾乎每天晚上都和朋友一起喝酒。

他經常對同事說：

「工作只要應付一下就好，我要充分享受人生。」

某天，他去參加了高中的同學會，遇到了高中時的好朋友。

聊完高中時代的往事之後，他們聊起了彼此的近況。

「我目前在書店上班，看到好書，還是忍不住感到興奮。」

聽到老同學這麼說，他想起自己在高中時熱愛閱讀，幾乎每天和這個老同學分享彼此看的書的閱讀感想。

之後，老同學問了他的近況，他告訴老同學，自己在出版社上班。

「你果然也從事書籍相關的工作。」

看到老同學滿臉喜色地這麼說，他無法啟齒說自己對工作感到厭倦。

「做書的工作真的很開心。」

他忍不住說了謊。

那天晚上，他難得和老同學聊書一直聊到深夜。

「你要加油，多做一些好書。」

臨別時，老同學大聲對他說，他用力點了點頭。

那天之後，他的生活發生了巨大的變化。他開始努力工作，假日時，也像高中時一樣整天看書。

幾年後，他編輯的書成為暢銷書，他去老同學工作的書店時，看到自己編輯的書在書店裡堆得高高的，旁邊還附上書店店員寫的卡片。

『**請務必送給重要的朋友。**』

他在參加同學會之後，生活發生了巨大的改變。相信很多人像他之前一樣，覺得只要每天過得開心就很滿足。

021

但是，如果禁不起誘惑，整天尋歡作樂，就無法完成自己真正想做的事。

必須思考一下，對自己而言，什麼才是真正重要的事。而且，要在這件事上投入更多時間。

DAY 4

不妨想像自己離開
人世的瞬間。
自己會想起哪些人，
想要對他們說什麼？
要隨時牢記這些想法。

《七個習慣》的金玉良言

「臨死之際，想到的是家人和心愛的人。
每個人都是為別人而活，臨終會想到那些人。」

（摘自「前言」）

留下的生日卡片

她 罹患了末期癌症，住進了安寧病房。她決定把所剩不多的時間奉獻給家人，她要為兩個年幼的兒子寫下他們滿二十歲之前的生日卡。

她每天看著兩個兒子的相片，慢慢地、細心地寫生日卡。

**「不知道他十歲的時候……，
十一歲的時候會變成什麼樣子……」**

她在寫每張卡片時，想像著兒子未來的樣子。除了文字以外，還附上插圖。

她發揮各種想像，努力寫卡片，但病魔奪走了她的體力，她很快就感到疲憊，寫卡片的速度也很慢。她經常語帶懊惱地對護理師說：

「今天原本計畫寫到這裡，卻沒辦法完成……」

之後，她仍然努力寫生日卡，很可惜，小兒子的生日卡只寫到十五歲之前。

她直到臨死之前，都很在意這件事，她請自己的母親轉告兒子：

**「雖然輪流寫兩個兒子的生日卡，但因為兩個人年齡
有差異，所以沒辦法寫完小兒子的生日卡。
對不起，沒辦法寫到二十歲的生日卡。」**

　　幾天之後，她把生日卡交給丈夫，在家人的守護下，慢慢閉上了眼睛。在去世前不久，她對護理師說：

「**雖然很不捨得留下兩個年幼的孩子，**
　但我相信他們一定能夠感受到我的心意，
　即使沒有母親的陪伴，他們也能夠長大成為
　心地善良的人。」

　　兩個兒子每年從父親手中接過生日卡，他們沒有辜負母親的期待，都成為出色的人。

025

　　她在生病之後，發現內心對兩個兒子強烈的不捨。

　　不妨試著想像一下，在臨終時，希望誰可以陪伴在自己身邊，自己又想對他們說什麼？於是，就會瞭解對自己而言，誰才是真正重要的人。

　　同時，也會發現自己對這些重要的人可以發揮什麼作用。

　　和重要的人共度的時間無法永遠持續。

很重要

Day 5

如果希望未來完成某個目標，

就要明確眼前必須

為此犧牲的事。

如果不先付出代價，

就無法得到成果。

《七個習慣》的金玉良言

「所謂幸福，就是為了得到最終想要
的結果，犧牲目前想要的結果，
最後得到的果實。」

（摘自「什麼是七個習慣？」）

練習帶來的一切

⋯⋯⋯⋯⋯⋯⋯⋯⋯⋯⋯⋯⋯⋯⋯⋯⋯⋯⋯⋯⋯⋯⋯

她 目前就讀國中二年級，立志成為職業網球選手，所以努力
練習，但成績並不理想。

在夏季比賽時，她輸了比賽，教練對她說：

**「妳如果不增加練習的時間，
很難成為職業選手。」**

我想練！

她原本每個星期練習五天，但教練認為，如果
她想成為職業選手，需要花更多時間練習。

但是，不練習網球的兩天時間，是她和同學一
起玩樂的時間。

她很期待和同學一起玩的日子，所以無法輕易
接受增加練習時間。

她煩惱了好幾天，最後想起輸了比賽時不甘心
的心情，終於下了決心。

**「一直以來，我都努力練網球，
以後也要全力以赴練下去。」**

她雖然很難過，但還是把這件事告訴了經常一起玩的朋友。

即使朋友對她說：「別這樣，還是和我們一起玩嘛」，她的決
心也沒有動搖。

但是，離開之前幾乎每個星期都玩在一起的朋友並不是一件容
易的事，看到那些朋友開開心心地去玩，她也會忍不住羨慕；也因
為失去了可以輕鬆吐露心事的朋友而感到寂寞。

在她增加練習時間後，打網球的實力也大幅提升。

國中最後一年，她在地區比賽中獲得了冠軍。

雖然練習回家時，她看到曾經一起玩樂的同學走在路上開心地聊天，但她不再感到羨慕。

因為她發自內心認為，自己增加練網球的時間是正確的決定。

她犧牲了和朋友一起玩樂的時間，最終獲得了優勝的成果。無論在任何事上，如果想要比別人更有成果，就必須為此付出某些代價。

如果想得到真正渴望的結果，不妨重新檢視目前時間的使用方法。也許會發現為了完成目標，目前可以犧牲某些事。

時間有限。為了未來，不妨先付出一些代價，未來一定會讓你有更多收穫。

DAY 6

6/31 天

無論再怎麼懊惱，

也無法改變過去。

我們所能做到的，

就是接受無法改變的過去，

專注在今天力所能及的事上。

《七個習慣》的金玉良言

「必須瞭解到，過去的錯誤
在影響範圍之外。」

（摘自「習慣一」）

選擇務農的真正原因

●●●

有 一個男人很懊惱自己繼承了父親的工作。

他從東京的大學畢業後，原本在股票上市公司工作，但在進公司三年後，父親請他回老家，幫忙家裡務農。

那時候，他的工作漸入佳境，所以猶豫不決，不知如何是好，但最後還是決定回家務農。

但是，即使每天一大清早就開始工作，收益也不如想像中好。他漸漸厭倦了務農生活。

「我為什麼要做這種事？」

他忍不住向一起工作的父親抱怨，不時回想起以前在東京工作時的狀況，嘆著氣說：

「我為什麼要辭職啊？如果我還在東京工作，每天應該都很快樂……」

有一天，以前在東京一起工作的同事來找他。

「早知道不應該辭職回來務什麼農。」

他一開口就忍不住向前同事抱怨。

前同事語帶遺憾地說：

「你離開公司時，曾經和我聊過你爸爸的事，所以我以為你在這裡很努力，一直很期待和你見面……」

聽到前同事這麼說，他回想起之前辭職的歡送會上，自己說過的話。

「雖然我家很窮，但父親還是咬牙
　讓我讀了東京的大學。
　因為我父親，我才能在東京讀書，
　才有機會進入這家公司，
　所以我接下來要報答父親。」

　　當時，所有人聽他說完這番話，都用力鼓掌。

　　那天之後，他不再向父親抱怨。

　　而且，他在務農的同時努力思考如何才能提升收益。

　　最後，他打造出本地品牌的蔬菜，獲得了巨大的成果。

033

　　有些人整天為過去的事懊惱，無法將精力集中於現狀。這些人完全沒有發現，自己為了無法改變的過去，犧牲了未來。

　　不願面對現實，整天為過去的事懊惱，也無法改變任何事。努力改變目前的環境，才是真正必須做的事。

DAY 7

$^7/_{31}$ 天

《七個習慣》的金玉良言

不在背後道他人短，
是誠懇正直的最佳表現。

（摘自「獨立是互賴的基礎」）

對某個不在場的人，

會採取什麼態度？

從這種時候的態度，

可以瞭解一個人的人品。

千萬不要在背後道他人之短。

別人說自己的壞話

同事B經常在背後說他的壞話。

B向來很會迎合他人，在尾牙等喝酒的場合，如果他也在場，就會說什麼「你最近很拚啊，我也會加油，努力不輸給你」，聽起來好像很認同他。

我跟你說……

但是，當他不在場的時候，B就會到處在別人面前說他的壞話。

「他工作的方式很有問題，
　給別人增加了不少困擾。」

有一天，課長找他去聊一聊。

因為課長聽B說他的壞話，所以想確認他的工作方式是否有問題。

課長首先想確認他和B之間的關係。

「你對B有什麼看法？」課長問。

「嗯，我覺得他很優秀。」

他淡然的回答出乎課長的意料，課長忍不住說：

「你不知道他到處說你的壞話嗎？他對很多人說，你的工作方法有問題。」

他面帶微笑回答說：

「有好幾個人告訴我這件事，所以我之前就知道了。
　但是，B怎麼看我並不重要，
　我認為他是優秀的同事。」

　　課長聽了他的回答，似乎瞭解了一切。

「我知道了，
　請你繼續按自己的方式工作，
　我對你充滿期待。」

　　課長聽了他的回答，立刻清楚瞭解到他和B的人品大不相同，同時認為需要擔心的並不是他，而是B。

　　有些人見面時很關心體貼，卻滿不在乎地在背後說壞話。這種人無法贏得別人的信賴。

　　想成為一個真正受到信賴的人，就必須善待不在場的人。

和別人意見有分歧時，

要努力尋找能夠讓自己

和對方都同時感到滿意的意見。

如果無法做到這一點，

自己也會受傷。

《七個習慣》的金玉良言

「如果無法讓雙方都是贏家，其實就是雙輸。」

（摘自「習慣四」）

DAY 8

8/31 天

結婚遭到父親反對

. . . .

她 的男朋友是個打工族，但努力成為一名畫家。

她很想立刻和男友結婚，但遭到父親強烈反對。

父親之所以反對，最大的理由就是他的經濟不穩定。

雖然她多次和男友一起央求父親，希望可以同意他們結婚，但父親還是不點頭。

有一天，她終於忍無可忍，大聲對父親說：

「你不同意也沒關係，我就是要嫁給他，

以後也不會再和你見面了。」

說完，她哭著衝出了家門。

之後，她對男友說：

「我們結婚吧，不要再管爸爸了。」

男友聽了她這句話，無法感到高興。

因為他知道，其實她很希望父親能夠祝福他們在一起，同時更慚愧地知道，因為自己太不成材，才會讓她父親感到不安。

「雖然我很高興妳願意嫁給我，

但我希望妳爸爸也為我們的婚事感到高興。

所以，妳願不願意等到我成為畫家，

得到妳父親認同之後，

我們再結婚？」

　　他這麼告訴女友後，和她一起去拜託她的父親，希望在他成為畫家，有穩定的生活之後，可以同意他們結婚。

　　她的父親勉為其難地答應了。

　　幾年後，在她的支持下，男友的畫終於得到很多人的認同，並順利舉辦了個展。

　　他也寄了個展的邀請函給女友的父親。

　　最後一天，在個展即將結束時，女友的父親出現了。

　　女友的父親參觀了他的畫，發現很多畫上都貼了已經有人訂購的紙條。

　　女友的父親指著一幅畫了女兒的畫，對他說：

「我希望你把這幅畫賣給我，因為女兒結婚之後，
　我會很想她……」

　　如果她不顧父親的反對，堅持要嫁給男友，餘生都無法擺脫對父親的罪惡感。傷害對方的心得到的成果，無法成為真正的喜悅。

　　如果對方無法真正接受，即使能夠得到暫時的滿足，最終也將自食惡果。

　　意見分歧時，如果能夠充分協調，讓雙方都接受，將會帶來更大的喜悅。

再有能力的人，

也無法控制明天的天氣。

但是，任何人都能夠

自由掌控自己。

《七個習慣》的金玉良言

「心中自有一片天地，天氣變化
不會產生太大的作用。」

（摘自「習慣一」）

Day 9

9 / 31 天

課長駁回企劃案的原因

. . . .

他 對上司的課長極度不滿。因為他好不容易想出了有助於提升業績的新點子，課長卻不願點頭。

「現在這麼做還有點難度。」

這件事讓他感到很不爽。

「我們課長很消極，真是糟透了。
真不想繼續在他手下做事。」

每次和同期進公司的同事一起喝酒，他都會抱怨課長。

有一次，他有機會和也是課長上司的部長聊天，他和部長討論了這件事。

「因為課長不同意，所以我很傷腦筋。部長，可不可以請你去和課長說？」

部長回答說：

「課長向我提過你的事，他稱讚你的點子很有趣。」

部長的回答完全出乎他的意料。

「既然課長認為我的點子很不錯，為什麼不讓我執行呢？」

他忍不住納悶地問部長，部長很有耐心地告訴他：

「也許是因為雖然點子很好，
但課長認為你能力還不足呢？」

他聽了這句話，改變了對課長的態度。

那天之後，他努力完成課長交代的工作，希望課長認同自己的能力。

過了幾個月，課長把他叫到自己面前說：

「你最近很努力，
之前你提出那個提升業績的點子，
要不要試一試？」

即使在喝酒時拚命說課長的壞話，也無法改變現狀。像這個故事中的「他」一樣，很多自認有能力的人，都以為自己無所不能。

045

但其實每個人能力所及的事並不多，如果沒有瞭解這一點，事態就可能向不好的方向發展。

專注投入！

無論再怎麼抱怨自己無法自由發揮這件事，也無法改變現狀。不如將精力集中在自己力所能及的事上更重要。

DAY 10

任何事都無法傷害你。

即使是骯髒的禮物，

只要自己不接受，

就不會受到污染。

如何看待所發生的事，

取決於自己。

《七個習慣》的金玉良言

「我們不是因為發生在自己身上的事受到傷害，
而是自己對那些事的反應。」

（摘自「習慣一」）

從車禍意外中學到的事

|她| 曾經是很受歡迎的模特兒和電視節目的助理主持人。

某天，她錄完節目開車回家的路上發生了車禍。

雖然奇蹟似地撿回一命，但醫生告訴她：

「很遺憾，妳的下半身無法再活動了。」

「這種事為什麼偏偏發生在我身上？」

她每天都為自己發生車禍這件事懊惱不已。

之後，她漸漸覺得自己這種狀態，即使活下去也沒意思。

護理師推著輪椅帶她去醫院頂樓散心時，她也想著「真想從這裡跳下去一死了之……」。

她的未婚夫拯救了她。

「我現在這樣，即使你和我結婚，也無法得到幸福，我希望解除婚約。」

她這麼告訴未婚夫，打算和他分手。

「現在先努力看看，

如果還是不行，我會陪妳一起去死。」

未婚夫握著她的手說。

之後，她在未婚夫的鼓勵下，克服了艱難的復健。

幾年後，她成為出色的殘障奧運選手。

她在演講中分享了發生車禍之後,重新站起來的過程。

> 「以前當模特兒,被人捧在手心的時候,我無法體會到別人內心真正的溫柔。
> 比起發生車禍之前,現在的我更幸福。」

如果她一直為發生車禍這件事悔恨不已,會有怎樣的結果?如果一輩子都無法擺脫這種感情,將會浪費自己的人生。

人生路上,有時候可能會遇到讓人一蹶不振的意外,也會陷入煩惱,為什麼自己偏偏遇到這種事。

其實,並不是遭遇到的意外傷害了你,而是對這些意外的態度,成為你煩惱的原因。

050

傳達心意不需要華麗的詞藻，

只要為對方著想，對方一定

能夠從你的態度中感受到。

想要傳達的不是話語，

而是心意。

Day 11

11／31 天

《七個習慣》的金玉良言

「發揮同理心的傾聽，有時候不需要做出回應。
在某些情況下，回應甚至是多餘的。」

（摘自「習慣五」）

努力思考的答案

． ．

交往多年的女友沒有事先聯絡，就去他家找他。

他很驚訝地問她發生了什麼事，她告訴他：

「我爸媽突然說要離婚，
我不知道該怎麼辦……」

雖然女友六神無主，但他還是請女友說明詳細的情況。於是，女友說了父母打算離婚的理由和現狀。

她的母親無法忍受父親的外遇，決定要離婚，而且母親對她說：

「我們要離婚了，之後會分開生活。妳要選擇和誰一起生活。」

女友為此極度煩惱。

「那還真傷腦筋啊。」

他表達了同情，女友難掩激動的情緒哭了起來。

「我很愛爸爸，也很愛媽媽，根本沒辦法選擇。
我該怎麼辦？」

他看到女友傷心難過的樣子，努力思考該如何安慰她，卻想不出任何話，情不自禁用雙手緊緊抱住她。

幾分鐘後，女友終於平靜下來，緩緩抽離了身體。

他擔心地看著女友，女友對他說：

「謝謝你，接下來的事，
我會自己好好思考。我沒事了……」

　　雖然他沒有對女友說任何話，但接納了她內心的不安。

　　接納對方的心情不需要言語，重要的是，必須思考對方帶著怎樣的心情說話，並用態度表現出自己理解對方的心情。

　　大部分人真正渴望的並不是有人告訴他解決煩惱的方法，而是有人理解他的煩惱。

DAY 12

用人不疑，疑人不用。

有事拜託他人，

就要發自內心相信對方，

對方就會全力以赴。

信賴是改變他人的巨大力量。

《七個習慣》的金玉良言

「信賴可以激發最強烈的動機，
一旦得到信賴，就能讓人全力以赴。」

（摘自「習慣三」）

不能再次失敗的原因

．．．．．．．．．．．．．．．．．．．．．．．．．．

她 在為客戶做簡報，希望客戶能夠簽下新服務項目的合約。

沒想到參加人數超過她的預期，她太緊張了，所以簡報表現很不理想。

雖然一起前往的前輩中途接手協助，但最後無法順利簽約。

回公司後，他們向課長報告無法順利簽約一事。

「對不起，因為我的疏失，才無法簽約。」

因為自己太緊張，所以無法順利做簡報。她為這件事向上司道歉。

他們三個人一起討論了補救的方法，決定請客戶讓他們有機會再做一次簡報。

她暗自下定決心，下次一定不可以再失敗。

沒想到課長對前輩說：

「下次就不要由她做簡報，

一開始就由你做簡報比較好。」

她咬著嘴唇，什麼話都說不出來。

因為憑她在今天簡報時的表現，她真的無話可說。

這時，前輩對課長說：

「課長，我也認為今天的簡報很失敗，

但請再給她一次機會，

我相信她下次一定會有出色的表現。」

　　課長沒有馬上表示同意，但前輩向課長說，他會全權負責，課長終於同意再次由她做簡報。

　　第二次簡報時，雖然參加人數比上一次更多，但她並沒有緊張。

　　這不光是因為她事先多次練習，做好了充分的準備。

　　因為前輩充分信任她，她不希望辜負前輩的信任，無論如何都希望順利簽約，這種想法帶給她力量。

「我們很希望引進貴公司的這項服務項目。」

　　聽到對方公司負責的窗口說這句話，她忍不住握住前輩的手，興奮地跳了起來。

　　如果有事拜託他人時，就要像這位前輩一樣，發自內心信賴對方。對方感受到這種真心的信賴，就會激發潛力，出色完成使命。

　　受到信賴時，會想要回應這份信賴。這種想法會成為很大的助力。

努力回應！

Day 13

如果為眼前發生的事陷入煩惱，
問題的答案其實在自己內心。
千萬不要認為問題的答案
在別人身上。

《七個習慣》的金玉良言

「如果認為問題不在自己身上，
這種想法才是最大的問題。」

（摘自「習慣一」）

致足不出戶的兒子

· ·

父 親為讀中學的兒子不去學校上課煩惱不已。

他之前看到兒子曉課，獨自坐在公園的長椅上，忍不住破口大罵：

「你在幹什麼？為什麼不去學校上課？」

然後硬是拉著兒子去學校，但兒子曉課的情況仍然沒有改變。

兒子不僅不去學校上課，甚至足不出戶，整天關在自己房間內，不去學校上課似乎已經變成理所當然的事。

他很想瞭解原因，所以就問太太：

「為什麼會變成這樣？」

他太太低下頭，沒有說話。

他猜想可能是學校有什麼狀況，於是去找了班導師瞭解情況。

沒想到班導師反而問他：

「他在學校沒有任何問題，請問你們家長是否瞭解是什麼原因？」

無可奈何之下，他決定寫信給兒子。

『也許是因為我的原因，

不小心傷害了你。

即使這樣，也希望你瞭解一件事，

我真的很擔心你，

也希望可以協助你。

我不會再勉強你去學校上課，
但我們要好好談一談。』

寫完之後，他放在兒子的桌上。

第二天，當他在吃早餐時，兒子從自己房間內走了出來。

然後，兒子一臉煩惱的表情，主動對他說：

「爸爸，我有事想和你聊一聊。」

自己周遭發生問題時，不妨像這位父親在信中所寫的，思考一下 061 問題是否出在自己身上。

遇到問題時，如果覺得為什麼自己會被捲入這些事，就很難憑自己的力量解決問題。

必須意識到，自己也是造成目前狀況的原因之一，才能盡自己的努力解決問題。

DAY 14

任何人都會犯錯，

但很少有人能夠承認自己的錯誤。

正因為無法承認錯誤，

所以才會成為大問題。

《七個習慣》的金玉良言

「犯錯固然是問題，
但不承認錯誤才是更大的問題。」

（摘自「獨立是互賴的基礎」）

新商機的失敗

· ·

他

想到一個新商機，決定自立門戶。

公司的上司認為這種方法無法成功，勸他留在公司繼續工作，但仍然無法阻止他。

「你辭職真的沒問題嗎？」

因為他們的孩子年紀還小，所以太太忍不住這麼問他，他自信滿滿地回答說：

「絕對沒問題，我已經做了徹底調查，
所以很有自信，新公司一定會受到矚目，
妳不必擔心。」

然後，他用之前存下來的三百萬圓作為創業資金，開了一家公司。

然而，事情不如他的想像，雖然他的新公司引起了話題，但因為生意成本太高，利潤不如預期。一年後，當初準備的資金也都花光了。

他去向銀行要求融資，但沒有一家銀行願意貸款給他。因為任何人都覺得他的公司會繼續虧損，最後倒閉。

但他不願意承認自己眼中的新商機無利可圖，於是拚命懇求銀行。

「為了創業，我不惜辭去公司的工作，而且也向我太太保證會賺錢，你們無論如何都要貸款給我。」

　　有一天，他給太太看了一份文件，那是他向地下錢莊借錢的借據，他要求太太在擔保人欄內簽名。太太哭著說：

　　「不能繼續這樣下去。你不能把家人也拉下水⋯⋯」

　　之後，他終於收掉那家公司。

「我之前的努力全都白費了，
**　以後該怎麼辦？」**

　　他忍不住嘆息。

　　他的妻子一次又一次說服他：

　　「絕對不會白費，這些努力一定會在其他地方發揮作用，
　　所以我們重新開始努力。」

　　像他那樣，坦誠地承認自己做的事是錯誤的決定，其實比想像中更難，因為會覺得之前的努力都白費了，而且也會在意周圍人的眼光。

　　但是，當覺得自己可能犯了錯時，不要在意之前付出的努力和自尊心，不妨承認自己的錯，立刻進行修正。

　　任何人都會犯錯，犯錯並不是問題，問題在於明知道自己犯了錯，卻不願認錯。只要能夠坦誠地承認自己的錯誤，就會開拓新的道路。

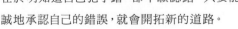

當認為資源很不充足，

就會相互爭奪。

所有資源都很豐沛。

只要這麼想，

就會讓彼此感到富足。

《七個習慣》的金玉良言

「世間有足夠的資源，

人人得以分享。」

（摘自「習慣四」）

柬埔寨的孩子

. . . .

柬 埔寨有些學校的學生很貧窮,有些學生因為肚子太餓,所以無法專心讀書。

學校為了讓學生能夠吃飽再讀書,會在第一節課之前吃營養早餐。

雖說是營養早餐,其實只是把湯加在少量飯上。

但飢腸轆轆的孩子都吃得津津有味。

有一天,一個捐錢給那所學校的日本人去學校視察。

他看到那些學生吃營養早餐的身影,感到很欣慰,但發現有一個女生沒有吃早餐,只是看著別人。

當其他學生站起來時,她悄悄拿出塑膠袋,把自己的營養早餐倒進塑膠袋。

這個日本人感到很納悶,問校長:

「為什麼她不吃營養早餐?」

校長告訴了他原因。

「她媽媽生病了,沒辦法工作,
她要把早餐帶回去和媽媽,
還有兩個妹妹一起吃。
所以第一節課都會缺席。」

他對那個女生自己餓著肚子，還把營養早餐帶回去給家人吃的行為感動不已。

之後，坐在那個女生周圍的幾個學生的行為，再度感動了他。

那幾個學生都剩下幾口，輪流倒進了她的塑膠袋。他看到這一幕，對校長說：

「我生活在富足的環境，所以有能力捐獻，
　但這些孩子的生活條件很艱困，
　仍然樂於和同學分享，
　他們真是太了不起了。」

069

他從柬埔寨的學生身上瞭解到，什麼才是真正為對方奉獻。有些人把自己喜歡的東西送給別人而感到高興，也有人為了自己的幸福，不惜搶奪別人的東西。

兩者的差異，在於只想到自己的幸福，還是希望所有人都得到幸福。美味的食物，和大家一起分享才更美味。幸福也一樣。

DAY 16

16 / 31 天

一旦努力的方向不正確，

無論再怎麼努力，也無法得到成果。

為了避免努力徒勞無功，

必須隨時確認努力的方向正確。

《七個習慣》的金玉良言

「個人的成功並不完全取決於付出多少努力，
而在於努力是否得法。這不僅關乎成功，
甚至攸關生存。」

（摘自「習慣二」）

錯誤的努力

. . . .

他 進入一家房屋仲介公司，負責指導新進員工的上司告訴他們：

「**房屋仲介的業績都是靠兩條腿走出來的，
只要多拜訪一戶人家，一定會有成果。**」

於是，他每天都拜訪很多戶人家，努力拓展業務。

「可以佔用你幾分鐘的時間嗎？讓我有機會為你介紹一下房屋。」

但是，他的業績不理想。因為他個性內向，很不擅長向陌生人介紹自己手上的房屋。

即使如此，他還是希望提升業績，所以更加積極登門拜訪潛在的客戶。

他從早忙到晚，經常為了拜訪客戶沒時間吃飯，但業績仍然不見起色。最後終於累壞了身體，只能暫時在家休養。

他在家休養期間，難得有機會和父親好好聊天。

「**我知道你很努力拜訪客戶，
而且你們公司也有業務方針，
所以我一直沒有過問，
但我認為你不適合這種方法。
如果你想要持續這份工作，
最好思考一下適合自己的方法。**」

他聽了父親的建議後，仔細思考了工作方式。

當他回公司工作後，不再像以前那樣毫無章法地四處拜訪客戶，而是開始實踐他在休養期間思考的、自己有能力做到的方法。他針對已經購買房屋的客戶做好充分的售後服務，請這些老客戶為他介紹新客人。

這種方法很適合性格內向的他。他做事細心，而且售後服務很完善，有越來越多客人為他介紹新客人。

如此一來，他完全不需要去陌生人家按門鈴了。

工作的成效不佳時，往往會以為「只要我更努力，或許會有成果」。但是，如果認為工作成效不佳是因為自己不夠努力，即使不會像這個故事中的年輕人一樣最後累倒，也可能會整天疲累，所以即使更加努力，也無法獲得相應的成果。

如果在工作上無法如願獲得成效，不妨停下腳步，檢視一下自己的努力是否正確。否則累壞身體，很可能導致無法挽回的後果。

確認！

並不是那些自己不想做的事

影響了自己真正想做的事。

而是那些自己覺得可以去做的事，

奪走了自己的時間，

導致無法投入真正想要做的事。

DAY 17

17／31 天

《七個習慣》的金玉良言

「即使緊急的事是『重要』的事，
如果不由分說地全盤接手，
就會無暇處理『最重要』的事。」

（摘自「習慣三」）

爸爸和兒子的約定

某 男子有一個年幼的兒子，但他幾乎沒時間陪兒子玩。
即使假日，他也常受邀參加公益活動，所以也不得閒。

「爸爸，為什麼你不去公司上班的日子，
也不能陪我玩呢？」

兒子曾經這麼問他，他回答說：

「爸爸假日要去參加公益活動，
幫助很多受苦的人。」

父子兩人約定，暑假最後一個星期天要去動物園。

兒子從好幾天前就很期待。

「我要和爸爸一起去動物園搭獅子巴士。」

他也為終於能夠有時間好好陪兒子感到高興。

但是，他原本參加的公益活動因為下雨延期，剛好順延到他和兒子約定一起去動物園的日子。他掛上一起參加公益活動的朋友打來的電話後，對兒子說：

「對不起，爸爸要去參加公益活動，
沒辦法陪你去動物園。我們改天再去。」

兒子平時都會乖乖聽話，但這次忍不住大叫：

「爸爸，我重要還是公益活動重要？」

兒子握緊雙手，雙眼通紅瞪著他。

　　看到兒子的樣子，他終於發現兒子已經忍耐很久了。

　　他同時發現自己也想陪兒子，但一直在忍耐。

「當然你更重要，

**　所以我們明天去動物園。」**

　　他緊緊抱住兒子回答。

　　放棄或是拒絕自己認為沒有意義的事很簡單，但是，要拒絕自己認為「如果有時間，做做也無妨」的事就沒那麼簡單。

　　沒有時間去做自己真正想做的事，不光是因為把時間耗在無意義的事上。不妨重新檢視一下自己使用時間的方法，確認有沒有把時間浪費在一些自己覺得「做做也無妨」的事上。

Day 18

想要達到目的，
首先必須有指引自己
走對路的正確地圖。
一旦決定了該走的道路，
就會激發相應的行動。

《七個習慣》的金玉良言

「正確的地圖會對個人的成功、
人際關係的成功產生難以估計的影響。」

（摘自「重新探索自我——由內而外造就自己」）

為了奶奶的笑容

....

她 從地方城市的高中畢業後來到東京，進入一家製造商工作，但她無法適應公司的事務工作，很快就辭職了。

之後，她每天晚上在新宿的酒店當陪酒小姐。

有一天，她為坐在旁邊的客人按肩膀。

「妳按得真好，妳以前學過嗎？」

被客人這麼一問，她想起以前曾經為同住的奶奶按肩膀。

那時候，她才讀幼兒園，奶奶總是滿臉笑容地說：

「每次都謝謝妳啊，奶奶覺得很幸福。」

她很喜歡看到奶奶的笑容，一雙小手拚命為奶奶按肩膀。

「我勸妳最好不要再當陪酒小姐，按摩的工作更適合妳。」

聽到客人這麼說，她慢慢開始摸索新的人生道路。

因為她一個人住，為了生活，無法馬上辭去陪酒小姐的工作，但她縮短了工作時間，去學校上課，準備考按摩相關的證照。在考取證照之後，又在學校介紹的按摩店工作。

她努力工作時，不時想起以前為奶奶按摩時，奶奶高興的樣子。

「怎麼才能讓客人的肩膀和腰更舒服？」

她整天思考這個問題，看了很多專業書，也去熱門的按摩店體驗，努力提升自己的技術。

幾年後，她終於自立門戶，開了一家按摩店。

起初為了招攬客人費了不少心思，但她真誠待客和嫻熟的技術很快受到歡迎，大家口耳相傳，吸引了很多客人上門。

「有沒有哪裡不舒服？
有不舒服的地方請隨時告訴我。」

她總是親切地問客人，所以有很多高齡的客人都去她店裡找她按摩。

她因為客人的一句話，想起以前為奶奶按摩的事，改變了人生的方向。同時為轉換跑道做了充分的準備，最後實現了自己的目標。

首先要明確想像自己的目標。想像越明確，就越會清楚瞭解自己必須做的事。

然後，相信自己，採取行動。

沒有空氣，人就無法生存。

同樣的，人也無法忍受孤獨。

告訴心愛的人，「我需要你」。

19/31 天

《七個習慣》的金玉良言

「每個人都需要心理的空氣，
這個巨大的欲求，掌握了人和人之間
所有溝通的關鍵。」

（摘自「習慣五」）

083

真正的煩惱

這 位女士對諮商心理師說：

「最近，一方面因為我的孩子都已經長大的關係，所以我開始煩惱，我到底為什麼活在世界上？
我的人生沒問題嗎？
每天晚上都睡不著。」

諮商心理師詳細詢問了她的情況，她說她當了二十五年的家庭主婦，為家庭付出了一切。如今，孩子已經長大成人，照理說，應該不會有什麼太大的煩惱。

既然她煩惱得睡不著，諮商心理師認為一定有原因。於是問她：

「妳和妳先生的關係還好嗎？」

她想了一下後，垂下雙眼回答：

「因為最近沒什麼機會好好聊天……，所以我也不知道。」

諮商心理師看她的樣子後，發現問題的原因可能在她先生身上。

於是，就請陪同她一起來的先生進入諮商室，坐在她旁邊。

「請問你覺得你太太怎麼樣？」

諮商心理師問。

「她把家裡照顧得很好。」

　　因為她也在場的關係，她先生害羞地回答。諮商心理師再次用強烈的語氣問：

　　「我不是問這件事，而是請問你覺得她怎麼樣？」

　　諮商心理師注視著她先生再度提問，她先生終於瞭解了諮商心理師的意圖，露出嚴肅的表情回答：

「我很愛她，
　　她是我生命中很重要的人。」

　　坐在一旁的她聽到丈夫的回答，流著淚說：

「我從好幾年前就感到不安，
　　不知道你現在是不是還喜歡我……」

　　像她那樣，雖然和家人生活在同一個屋簷下，但如果很久都沒有感受到自己被家人所愛，就會在精神上感到極大的不安和孤獨。

　　即使是單身，也有人需要自己。只要那個人把這份心意說出來，就可以從中得到繼續前進的力量。

　　所以，要把這種心意告訴自己重要的人。

如果為遭到他人的反抗而傷神，

不妨無條件為對方做一些事

來解決這個問題。

不改變自己，就無法改變對方。

《七個習慣》的金玉良言

「反抗並不是頭腦的問題，而是心靈的問題，持續在情感帳戶
存入無私的愛，是解決心靈問題的關鍵。」

（摘自「獨立是互賴的基礎」）

遭到降職的下屬

. . . .

某 銀行的課長為最近分到他部門的下屬煩惱不已。

那名下屬在升遷競爭中落敗遭到降職，分配到課長的手下，但完全無心工作。

而且，平時的態度也不把課長放在眼裡。

「你的說明不清不楚，我不瞭解該怎麼說，
可不可以請你說清楚點？」

他曾經對課長這麼抱怨，不聽從指示。

因為他這種態度的關係，其他同事漸漸和他保持距離。

有一天，課長看到他一個人垂頭喪氣，低頭吃午餐。

課長平時也感受到激烈的升遷競爭很累人，覺得也許那名下屬和自己的境遇相同，也就無法覺得事不關己。

那天之後，課長改變了對他的態度。看到他一個人準備去吃午餐時，就會主動問他要不要一起去吃午餐。下班時，也會以有事要和他討論為由，邀他一起去喝酒。

課長的態度讓他漸漸敞開了心房，也漸漸改善了對工作的態度、和其他同事的關係。

那一年的尾牙上，每個同事輪流自我反省。

他坐在課長旁邊，已經有了幾分醉意。

他站起來大聲對所有同事說：

「我因為降職，調到這個部門，
　原本覺得工作根本不重要，
　但我會為課長全力以赴做好自己的工作。」

　　這名下屬的態度之所以會發生改變，是因為課長面對他反抗的態度，並沒有責備他，而是盡力協助他。如果課長用上司的權威逼迫，他一定會更強烈反抗。

　　當對方表現出反抗的態度時，其中一定有原因。如果能夠瞭解原因，當然有助於解決，但很多時候往往無法得知其中的原因。這種時候，不妨先思考一下，自己能夠為對方做什麼，然後試著付諸行動。

　　一味要求反抗自己的對方改變態度和行為，對方也不會改變；只有自己改變對對方的態度和行為，對方也才會跟著改變。

回顧一路走來的人生。

某個決定的結果，

造就了目前的自己。

日後做的決定，

將創造未來。

21 / 31 天

DAY 21

《七個習慣》的金玉良言

「昨天的我選擇了今天的我。」

（摘自「習慣一」）

讓妻子改變的決定

● ●

某 位公司的經營者剛創立一家新公司，忙得幾乎沒時間休息。

他有一個四歲的女兒和一歲的兒子，但他幾乎無法照顧家人，太太也三天兩頭都和他吵架。

「你要多為家庭著想！」

有一天，他工作到深夜回家，聽到臥室傳來妻子哭泣的聲音。他偷偷向臥室內張望，發現昏暗的房間內，妻子坐在已經熟睡的孩子身旁，一臉苦惱地哭泣。

他看到這一幕後很擔心，隔天和朋友聊起這件事。

「問題很嚴重，你太太搞不好會自殺，你一定要趕快補救。」

他聽到朋友這麼說，感到極度不安，好不容易處理完工作，去了朋友介紹的日本心理健康協會，向一位諮商心理師請教。

他向諮商心理師詳細說明了妻子的情況。

諮商心理師聽完他的說明後告訴他：

「任何人都無法改變他人，

你太太是因為你的關係，才會情緒失控。

只要你改變，你太太也會改變，

希望你持續來這裡諮商、學習。」

諮商心理師推薦他來協會學習心理學。

他因為工作很忙碌，諮商心理師的建議讓他陷入了猶豫，但最後還是決定去協會學習心理學。這是他第一次重視妻子更勝於工作。

他在學習心理學之後，逐漸能夠瞭解別人的心情，也改變了對妻子的態度，夫妻關係大為改善。他們很快又生了第三個孩子。

心理學的知識也在工作上發揮了作用，他的公司越做越大。他回想起當年，情不自禁地說：

**「如果我當時沒有下定決心學習心理學，就不可能有
現在的家庭，也不可能有現在的公司。」**

任何人回顧以往的人生，都會發現曾經做出大大改變人生的決定。從今往後做出的各種決定，也將決定自己的未來。

在無數決定中，沒有人能夠知道哪一個決定會大大改變未來。

因此，必須認真做出每一個決定。

DAY 22

22 / 31 天

《七個習慣》的金玉良言

「不是為行事曆上的事排出優先順序，
而是將優先事項寫在行事曆上。」

（摘自「習慣三」）

在自己的行程表中最先寫上

自己想做的事。

不要等到有空閒的時候，

才去做自己想做的事，

而是先把想做的事寫在行程表上。

如果有時間，想要做的事

他 在工作時腹部劇痛，昏倒在地上。

他被救護車送去醫院，檢查之後發現他得了肝癌。他躺在病床上，要求醫生對他說實話。

醫生告訴他：

「很遺憾，

你的病情很難動手術。

最糟糕的話，可能只剩下三個月的壽命。」

他之前幾乎不眠不休地工作，所以聽到醫生這麼說，很受打擊。

他也忍不住向前來探視他的同事抱怨：

「我之前這麼努力工作，也克制了自己想做的事，為什麼這種倒楣事偏偏發生在我身上？」

他已經結婚二十多年，他的太太一聽到他只剩下三個月的生命，不知如何是好，但還是決心在他面前時，要努力表現得開朗。

於是，她向整天都垂頭喪氣、唉聲嘆氣的他提議：

「結婚時，你不是說，等有時間，我們要一起去看美麗的風景嗎？現在不是可以去嗎？」

之後，他在醫生的許可下，和太太一起去旅行，欣賞美麗的風景。夫妻兩人一起欣賞了沉落在南海的夕陽，和山丘一直延續到地平線的高原。

但是，他的病情逐漸惡化，也只能在離家不遠的地方旅行。最後，他又再度住進了醫院，但他一次又一次告訴太太：

「謝謝妳，多虧了妳，讓我有許多愉快的回憶。
真希望可以有更多時間……
希望妳連同我的份，做自己想做的事。」

越是忙碌的人，越是覺得只要自己有時間，就要做很多事，但問題是，究竟什麼時候才有時間呢？

如果有真正想做的事，就要優先寫在行事曆上。如果不加思索地把要做的事寫在行事曆上，行事曆很快就會排滿，根本沒時間去做自己真正想做的事。

「早知道應該多花點時間做自己想做的事。」

為了避免在臨終時才後悔，必須優先把真正想做的事寫在行事曆上。

沒有醫生會在診斷之前就開處方箋。

因為不瞭解狀況，

就無法做出正確的處理。

首先要瞭解對方，

才能採取適當的行動。

《七個習慣》的金玉良言

「我們經常疏於診斷，

不分青紅皂白妄下斷語。」

（摘自「習慣五」）

下屬的難言之隱

. . . .

課長為下屬的事感到煩惱不已。

因為這名部下最近經常遲到，工作也不專心。

「你要認真工作，否則大家都很傷腦筋。」

雖然課長多次提醒，但他的工作態度始終沒有改善。

那天，課長看到他進公司時，身上穿著和前一天相同的衣服。

課長生氣地對他說：

「你的襯衫這麼髒，怎麼跑業務？你自己要多注意！」

但他低著頭，什麼也沒說。

類似的情況發生了很多次，課長開始擔心他。於是在他離開公司時偷偷跟蹤他。

那天，他離開公司前說「去拜訪客戶」，但課長跟蹤後發現，他並沒有去找客戶，而是走進一家大醫院。

三十分鐘後，他走了出來。等在門口的課長攔住了他，向他瞭解情況。

他終於向課長說明了情況。

「我太太生病，正在住院，
我還必須照顧年幼的孩子，
所以有點忙不過來。」

課長得知他無依無靠，主動提出可以暫時幫忙照顧他的孩子。他覺得很過意不去，課長說服他說：

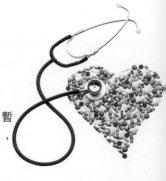

「你不必擔心，我太太好久沒有機會照顧
　年幼的孩子，她會很高興。」

　　之後，他太太漸漸恢復健康，終於可以出院了。
　　「課長，謝謝你的照顧，真的不知道該怎麼感謝你。」
　　課長回答說：

「你好好工作，就是對我的報答。
　還有，記得帶孩子來我家玩，
　我太太很想看到他們。」

101

　　如果課長認定這個下屬工作不認真，情況就會大不相同。課長
努力瞭解那名下屬，所以才得到下屬極大的信賴。
　　不努力瞭解對方，就無法瞭解很多事。
　　不要憑自己的成見判斷，首先要努力瞭解對方，然後再決定自己
該怎麼做。

Day 24 24/31 天

《七個習慣》的金玉良言

「與和自己不同的人交往，可以汲取豐富的知識見解，增廣見聞，
更加正確地瞭解現實。」

（摘自「習慣六」）

如果希望自己更進一步成長，

不妨結交和自己具有不同

特質的朋友。

這樣的朋友帶給你的影響

超乎想像。

從清理河川中學到的事

有一個年輕創業家開了一家公司，很努力地經營這家公司。他每天都努力鑽研，如何才能提升公司的業績。

有一天，他太太請他去參加清理附近河川的活動。

「我要忙公司的事，要想辦法提升公司的業績，
根本沒時間去清理什麼河川……」

他拒絕了太太的拜託，但太太說，她因為臨時有事無法參加，希望他至少去參加半天，他不甘不願地答應了。

清理活動當天，他前往集合地點，發現只有他一個年輕人。

早知道就不該來。他正感到後悔，負責這次活動的爺爺走了過來，把垃圾袋交給他時說：

「你第一次參加，應該不瞭解訣竅，
你就跟著我一起做。」

他們一起走去河灘，開始撿掉落在草叢中的垃圾。

開始清理之後，他驚訝地發現，河灘的垃圾比想像中更多，手上的垃圾袋一下子就滿了，他忍不住對在一旁努力撿垃圾的爺爺說：

「你不覺得在這裡撿垃圾是白費力氣嗎？垃圾根本撿不完。」

「我們的確無法撿完河川所有的垃圾，
但我正在撿垃圾的地方可以變乾淨，
光是這樣，不就是一件值得高興的事嗎？」

他坦誠地接受了爺爺這番鼓勵的話。

「但是，即使把這裡撿乾淨，搞不好又有人丟垃圾。」

爺爺停下正在撿垃圾的手，面帶微笑地看著他說：

「那我們再來清理乾淨就好。」

他原本打算上午的作業完成後就回家，但最後繼續留下來清理。那天晚餐的時候，他對太太說：

「今天去清理河川，我發現了自己的不足之處。
我太急躁，太急著想要提升公司的業績了。」

他從工作上不可能遇到的那個爺爺身上，學到了經營必要的事。

經常和相同類型的人來往，無法獲得很大的成長。進入不同環境，結交背景不同的朋友需要勇氣，但也可以從他們身上獲得巨大的收穫。

106

《七個習慣》的金玉良言

「明確闡明期望，才能避免產生誤會、
失望與猜忌。」

（摘自「獨立是互賴的基礎」）

明確說出內心的期待，

有助於彼此和諧相處。

如果把期待悶在心裡，

對方不可能瞭解。

如果不瞭解對方的期待，

當然不可能滿足對方的期待。

Day 25

25 / 31 天

真正的期望

・・・・・・・・・・・・・・・・・・・・・・・・・・・・・・・・・・・・・

她 她很後悔當初嫁給他。

交往的時候，發現他很老實，所以她以為和他結婚，一定可以得到幸福。沒想到結婚之後，才發現他除了工作以外，幾乎沒有任何興趣，出去玩的時候，也不願意負責計畫或安排行程，令她感到不滿。

結婚三年後，她終於忍無可忍，對他說：

「我受不了你的個性，
沒辦法再和你一起生活，我要搬出去住。」

然後，她就離家出走了。

她和朋友一起外食，也一起出門旅行。

這樣的生活持續了一段日子，有一天，她住在朋友家時，朋友勸她：

「妳和妳老公的事要怎麼處理？他這個人不壞，不妨把妳對他不滿的地方說出來，請他改正不就好了嗎？」

她認為他的個性不可能改，但又覺得不可能一直持續這樣的生活，於是就回到家，決定和他談一談。

他看到她突然回家，嚇了一跳。

她對他說：

「我每個星期想要外食一次，

　每年想要旅行三次，

　但你向來都不願意安排，

　所以我受不了你。」

　　他默然不語地注視著她。

　　「你為什麼不說話？你應該也對我有意見，你願意說出來嗎？」

　　他聽了她的問話，緩緩地回答：

「我最大的期望，

　就是希望妳幸福……」

109

哇！

　　她聽了他的回答，第一次瞭解他真正的想法。

　　即使很愛對方，也不見得能夠瞭解對方。無論相處再久，也不見得能夠瞭解對方內心的期望。

　　與其為此煩惱「怎麼連這種事都不知道？」還不如坦誠地把內心的期望告訴對方。

　　明確表達對彼此的期待，是促進雙方關係的關鍵。

《七個習慣》的金玉良言

「任何事都經過兩次創造。
先在內心構思，然後付諸實現。」

（摘自「習慣二」）

任何人都無法做到自己
無法想像的事。
首先，想像自己得到渴望的
東西時的樣子。
想像越明確，
就越容易實現。

為實現夢想而持續努力的事

．．．．．．．．．．．．．．．．．．．．．．．．．．．

他 在學生時代是運動員，畢業之後，進入一家運動用品廠商，希望能夠支持活躍在國際舞台的頂尖選手。

沒想到他被分配到的那個部門，專門負責國內零售店的業務。

『搞什麼啊，竟然是跑業務。』

雖然同期的同事很失望，但他仍然沒有放棄有朝一日，要支持海外頂尖選手的夢想。

每次在雜誌上看到那些頂尖選手活躍在世界舞台上，就想像自己支持這些選手的身影。而且，他開始學英語會話，因為他認為和這些國際選手交談，需要用英文。

有一次，海外事業部委託他所屬的營業部一項業務。因為突然接到一名澳洲選手的聯絡，說想要使用該品牌的球拍，但海外事業部人手不夠，希望營業部派人送過去。

營業部部長立刻想到他經常說希望能夠支持選手，立刻把他找來，告訴他這件事。

他滿面笑容，很有自信地回答：

「請務必派我去，我很喜歡這名選手，所以很瞭解他。而且，我的英語也沒問題。」

他向海外事業部拿了球拍後，飛往澳洲，送到那位選手家中。同時也向選手說明了使用球拍的合約問題。

在他送球拍給那位選手的幾天後，海外事業部接到那名選手的聯絡。

「如果送球拍來的人擔任窗口，
我可以和貴公司簽約。」

那位選手感受到他想要支持選手的熱忱。

他也因為這件事，順利從營業部調到海外事業部，也因此如願從事了支持頂尖選手的工作。

他能夠如願做自己想做的工作，是因為想像了實現夢想時的身影，同時也明確瞭解實現夢想需要哪些準備工作，所以當機會出現時，他已經具備了相關的能力。

如果想要得到某樣東西，不妨想像自己得到之後的身影。想像越明確，越有可能實現。

一旦犧牲了真正重要的事,

再大的成功也很空虛。

瞭解對自己而言,

什麼是無可取代,

並且牢記在心。

《七個習慣》的金玉良言

「很多人成功之後,反而更加空虛,

然後突然發現,自己犧牲了比名利更可貴的東西。」

（摘自「習慣二」）

Day 27

沒有人來探視的病房

· ·

他 住的病房很豪華，難以想像那是醫院。除了有電視和冰箱，還有沙發和茶几，簡直就像是高級飯店的蜜月套房，

雖然他住在這麼豪華的病房，卻沒有人來探視他。他每天都獨自面對巨大的電視螢幕。有一天，護理師對他說：

「病房很寬敞，你要不要邀朋友來探視？

和朋友聊天，也可以讓你轉換一下心情。」

他一臉寂寞地回答：

「沒有人會來看我。

我從年輕時開始，就賣命工作，

希望事業成功。

因為我的努力，的確賺了很多錢，

但也犧牲了一切。」

然後，他和護理師分享了自己的人生。

他沒有家人。雖然曾經結過婚，但太太受不了他整天工作，和他離了婚。

他幾乎把所有的時間都投入工作，所以沒有興趣愛好，也沒有朋友。

　　護理師聽完之後，鼓勵他說：

　　「但你在事業上獲得了成功，很了不起。」

　　他深深地嘆了一口氣，掃視病房一圈說：

「我曾經為了事業成功，
背叛了朋友。
我被金錢和地位迷惑，
沒有發現什麼才是真正重要的事。」

　　如果他曾經稍微為家人和朋友著想，他的人生應該會大不相同。

　　為了達到目標而努力不懈是一件好事。

　　但是，有時候會像這個故事中的「他」一樣，因為太努力，結果無法看清周圍的情況。

　　在找到人生目標，為目標努力時，必須充分想像達到目標時，會是怎樣的結果。

　　如果為了達到目標，卻失去了更多，又何苦付出那些努力呢？

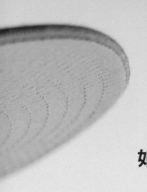

人生並非由人生路上
發生的事所決定，
如何面對人生路上發生的事，
決定了自己的人生。

DAY 28

28 / 31 天

《七個習慣》的金玉良言

「刺激與回應之間始終有距離，如何運用這段距離，
是成長和幸福的關鍵。」

（摘自「你可以改變自己的人生」）

如何對抗歧視

 基·羅賓森是第一位進入美國職棒大聯盟的黑人選手。在他剛加入球隊時，深受種族歧視之苦。

當時，在美國的餐廳和飯店，黑人和白人必須分開。

許多人認為白人和黑人在同一個球場上比賽太荒唐了。

雖然他因球隊老闆的決定加入球隊，但隊友經常惡整他。

有好幾名隊友向球隊抗議：

「如果他加入球隊，我就要離隊。」

比賽時，不僅對手球隊向他喝倒采，觀眾和隊友也都對他噓聲不斷。對手球隊的選手在滑壘時，故意撞向守在二壘的他。

因為這些緣故，他曾經受傷，但即使在這種狀況下，他仍然沒有怨言，克制內心的憤怒，默默打好每一場比賽。

因為他認為：**「只有在比賽中表現出色，球隊和球迷才會接受我。」**

他比任何隊友更賣力打球，無論在任何狀況下，都忍辱負重，擊出一支支安打，積極防守和盜壘。

他的態度漸漸融化了隊友和球迷的心。

之後，當對手球隊辱罵他時，他的隊友就會挺身保護他。他在場上的活躍，使球隊連連獲勝，也有越來越多球迷聲援他。

那一年，因為他的努力表現，球隊獲得了冠軍。

之後，他在大聯盟活躍了十年，獲得職棒打擊王和年度最有價值球員的封號。

除了棒球，他的生活方式也為很多人帶來了影響。為了表彰他克服逆境，持續在球場上努力，他的42號球衣，也成為永久退役的大聯盟球衣背號。

傑基．羅賓森在遭到眾人排斥的狀況下，仍然專注於自己該做的事，最後也因此獲得眾人的讚賞。

如何面對自己遇到的事，如何採取行動，將會大大影響人生。無論發生任何事，這些發生的事都無法決定自己的人生。

Day 29

人際關係無法緊急處理，
建立人際關係、修復人際關係
都需要時間。
默默而持續地為對方
做自己力所能及的事。

《七個習慣》的金玉良言

「必須牢記，人際關係無法緊急處理，
那只是幻想。無論人際關係的建立和修復，
都需要時間。」

（摘自「獨立是互賴的基礎」）

終於開口叫爸爸

· ·

他 娶了一個有七歲兒子的女人。

他愛屋及烏,也很疼愛她的兒子,但繼子很懷念因病去世的父親,所以遲遲無法和他親近。

雖然他太太一再要求繼子叫他爸爸,但繼子持續反彈。

「我只有一個爸爸。」

看到繼子的態度,他忍不住煩惱。

「為什麼他不叫我爸爸?」

但他努力告訴自己:「這代表他的親生爸爸很出色,這是好事。」

他暗自下定決心,「也許我無法成為他的父親,但我要為他做力所能及的事。」

只要是對繼子有利的事,他做好了被繼子討厭的心理準備,仍然嚴格執行。

之後,繼子漸漸感受到他的心意,兩人的關係稍有改善,但繼子還是沒有開口叫他爸爸。繼子一直稱他為「A叔叔」。

十三年後,繼子結婚了。

在婚禮的最後,成為新郎的繼子致詞給他這位繼父:

「我很愛我的親生父親,但他因病去世了,
我不想把和我媽媽再婚的A叔叔當成爸爸,
所以經常反抗他。

但是，在我成長的路上，

A叔叔待我比親生兒子更好。

以前，我實在無法開口叫他爸爸，

但我希望從今天之後，可以叫他爸爸。

爸爸，謝謝你這麼多年來的養育之恩，

以後也請多關照。」

他聽了繼子這番致詞，淚流不已。

他想起妻子第一次帶繼子和他見面時，他暗自下定決心：

「雖然這孩子有點不聽話，

但我願意用生命保護他。」

125

想要建立真正的人際關係，就要持續為對方做自己力所能及的事。為對方著想的這份心意或許無法立刻傳達給對方，但對方終有一天會瞭解。

不必責怪對方毫無改變，也不需要為此煩惱。

必須牢記一件事：漫長的時間，才能建立真正的關係。

自己的能力才是人生中
可以使用的工具，
一旦疏於維護保養，
就無法在關鍵時刻
發揮作用。

127

《七個習慣》的金玉良言

「『磨練自我』是對人生最大的投資。
投資自己。因為面對人生，
或是想要有所貢獻時，
只有自己才是唯一的工具。」

（摘自「習慣七」）

企劃成功的理由

．．．．．．．．．．．．．．．．．．．．．．．

> 他

進公司第五年，第一次負責自己部門的企劃案。為了不辜負上司的期待，他日以繼夜，不眠不休地工作。

但是，案子進行到一半時，他的身體出了狀況，必須住院治療。

那個案子也必須交給其他人負責。

上司去醫院探視他，對他說：

「你先放下案子的事，
現在專心養病就好。」

他覺得自己很不中用。

「我之前那麼努力，卻在關鍵時刻生病，我真是成不了氣候。」

他躺在病床上懊惱不已。

幾個星期後，他順利出院了。

回到工作崗位的同時，他開始去健身房健身。因為他充分反省，認為自己缺乏體力，是造成生病的原因。

之前，只要同事邀他去喝酒，他都會樂不可支地答應，但現在懂得拒絕。

「我今天要去健身房，所以不能去，謝謝你約我。」

幾年後，他再度負責一項企劃案。

為了挽回上次的失敗，他比之前更賣力工作。

但這次因為他平時勤於健身，所以並沒有對身體造成太大的負擔。即使加班到深夜，隔天也幾乎不會覺得疲累。

最後，那個案子的成果超乎預期。

在慶功宴上，其他同事向他請教了成功的原因。

他回答說：

「之前負責案子時，我因為生病，給大家添了麻煩。
這次為了洗刷之前的污名，我非成功不可。
雖然這次的日程很緊迫，但幸好我平時常健身，
真是太好了。」

129

健康的時候，往往無法瞭解健康的可貴。他在生病之後，才終於發現這一點，所以努力健身。

必須做好充分的準備，關鍵時刻才能發揮實力。平時就要累積知識，培養體力，才能夠在重要時刻大顯身手。

不播種，就無法獲得收成。

想要在人生中得到成果，

就必須先播種。

種瓜得瓜，種豆得豆，

播不同的種，

當然會有不同的收穫。

《七個習慣》的金玉良言

「一分耕耘，一分收穫。」

（摘自「習慣七」）

歇業那一天發生的事

決定收掉經營多年的食堂。

他已經七十多歲,也沒有人繼承這家食堂,覺得目前差不多是自己體力的極限了。

他在店門口貼了一張告示,『本食堂將在月底結束營業』。

「這家食堂要收掉了嗎?以前讀書的時候,我幾乎每天都來這裡,真是太可惜了。」

一個身穿西裝的男人看了門口的告示後問他。

「老闆,你不記得我了嗎?遇到我們這些窮學生時,你每次都多給我們一些,說是特別優惠。」

他仔細打量穿西裝的男人,終於想起來了。

「喔,你們幾個學生每天都來這裡吃飯。大家都好嗎?」

穿西裝的男人立刻興致勃勃地聊起老同學的情況,和當時的回憶。

對從外地來的學生來說,這個食堂的大叔輕鬆地和他們聊天,讓他們有回家的感覺。

幾天之後,是食堂最後一大營業。這一天,從一大早就有很多客人上門,食堂門口大排長龍。

幾天前那個穿西裝的男人,也帶了好幾個人一起來。

「這是怎麼回事?竟然有這麼多客人上門,真是太驚訝了。」

他有點害羞地說。

「我告訴老同學，這家食堂要結束營業了，
大家都說，今天無論如何都要來這裡。
大家都很感謝這家食堂，也很感謝你。
這麼多年辛苦你了。」

那個穿西裝的男人道謝後，遞給他一大束花，還有和老同學一起買的禮物。

那一天，食堂簡直盛況空前，打烊的時間也比平時晚。

他送走最後一個客人後，吐了一口氣，靜靜地嘀咕說：

「這些年的努力值得了。」

食堂的吧檯上，堆滿了花束和禮物。

133

幾十年來，他每天努力工作，所以在結束營業的那一天，有很多客人上門。持續默默努力，帶來令人滿意的結果。每個人日常的行為，一定會成為將來的結果。如果想要獲得滿意的結果，就必須每天持續做該做的事。

深入瞭解「七個習慣」,《與成功有約:高效能人士的七個習慣 （全新修訂版）》對照表

與成功有約：
高效能人士的
七個習慣（故事版）

與成功有約：高效能人士的七個習慣（故事版） /
中山和義作；王蘊潔譯. — 初版. — 臺北市：春天出版國際，
　　　　　　　　　　　　　　　　　　　　2018.09
　面　；　　公分. —　(Better　；　18)
譯自　　：　物語が教えてくれる7つの習慣
ISBN　　　　　　978-957-9609-67-8(平裝)
1.生活指導　　　2.成功法　　　3.習慣

177.2　　　　　　　　　　　　　　　107010134

物語が教えてくれる ７つの習慣

Better 18

作　　者 ◎ 中山和義		總　經　銷 ◎ 楨德圖書事業有限公司		
譯　　者 ◎ 王蘊潔		地　　址 ◎ 新北市新店區寶興路45巷6弄6號5樓		
總 編 輯 ◎ 莊宜勳		電　　話 ◎ 02-8919-3186		
主　　編 ◎ 鍾靈		傳　　真 ◎ 02-8914-5524		
出 版 者 ◎ 春天出版國際文化有限公司		香港總代理 ◎ 一代匯集		
地　　址 ◎ 台北市信義路四段458號3樓		地　　址 ◎ 九龍旺角塘尾道64號 龍駒企業大廈10 B&D室		
電　　話 ◎ 02-7718-0898		電　　話 ◎ 852-2783-8102		
傳　　真 ◎ 02-7718-2388		傳　　真 ◎ 852-2396-0050		
E－m a i l ◎ frank.spring@msa.hinet.net				
網　　址 ◎ http://www.bookspring.com.tw				
部 落 格 ◎ http://blog.pixnet.net/bookspring				
郵 政 帳 號 ◎ 19705538				
戶　　名 ◎ 春天出版國際文化有限公司				
法 律 顧 問 ◎ 蕭顯忠律師事務所		版權所有·翻印必究		
出 版 日 期 ◎ 二〇一八年九月初版		本書如有缺頁破損，敬請寄回更換，謝謝。		
定　　價 ◎ 380元		ISBN 978-957-9609-67-8		